JN081899

世志琥の極上スイーツ作りやがれ！

女子プロレスラー
世志琥

はじめに

どうもっ！ 女子プロレスラー世志琥です。

普段はSEAdLINNNGという団体で活動してるんだけど、SNSの料理動画が**バズり**まくったから、レシピ本作っちゃったぞ！ 簡単に作れて**めちゃんこかわいいレシピ**をたくさんまとめたから、てめぇらも作ってみやがれ！ そして作ったらおいしく食いやがれ!!

初心者でもできる内容で、**デコスイーツ**からマジでうめぇ**ごはんもの**まで作れるスペシャルな本になってるんだわ。**プロレスラーでスイーツのレシピ本**って初めてなんじゃねーのかな？ で、前例のないことに挑戦して一人でも多くの人にうちを知ってもらうことでよ、**女子プロレスの魅力**を伝えていくからよく見とけよな！ うちから女子プロレスに興味持ってくれる人が増えたら、最高じゃねーか！

いつかうちが好きなチーズ盛り盛りレシピとか、**新メニューの発信**もして流行りも作っていくつもりだからよ、応援してくれよな！

この一冊を皮切りに世の中に世志琥ブーム巻き起こしてやるんで、**そこんとこヨロシク！**

世志琥
（よしこ）

得意技

ラリアット
セントーン

好きなお菓子

パンケーキ！ パフェ！
チョコレート!!

最後の晩餐で食べたいもの

お母さんの唐揚げ ♥

モットー

何事にも全力で取り組み、努力は
惜しまないこと。後悔をしないた
めに、どんなことでも全力投球で
挑む！

プロレスラー以外に
なりたかったもの

小学生の頃から夢だった女子プロ
レスラーになっじいるから、あえ
ていうなら歌手かアイドル♪

CONTENTS

02 はじめに

06 揃えておきたい
基本の道具

08 本書の使い方

09 ぜんぶ作ってぜんぶ食べたい
世志琥スイーツ

10 デコドーナツ＆
シードリングドーナツ

12 混ぜてチンするだけ
電子レンジでブラウニー

14 キラキラ透けて輝く
ステンドグラスクッキー

16 水切りヨーグルトで
ティラミス

18 フルーツゼリー[すいか]

20 もっちりサクサク♥
チュロス

22 バスクチーズ
ケーキ

24 年賀クッキー

26 チョコバナナ
ジュース

28 切りもち
フルーツ大福

30 丸ごと
メロンケーキ

32 家なのにお祭り気分な
フルーツ飴

34 卵焼き器で
バームクーヘン

36 ひとくち
スイートポテト

38 メレンゲクッキー

40 カラフル
わらびもち

42 さつまいもの
チーズケーキ

44 雪だるま
スノーボール

46 春巻きの皮で
アップルパイ

48 ネコちゃん
クリームソーダ

50 肉球ケーキ

 52 とろける
イタリアンプリン

 54 動物デコの
チョコバナナ

 56 ひとくちドーナツ

 58 ニューヨーク発！
オレオピザ

 60 デコレーション
ロールケーキ

 63 ジャムがとろ〜り
クマ＆パンダ マカロン

 66 世志琥とシードちゃんの
リングケーキ

かわいくガッツリ食べたい

69 世志琥ごはん

 70 ハロウィンカレー

 72 サケの親子とホタテでリッチに
幸せの寿司ケーキ

 74 甘さとしょっぱさが無限にループする
ベーグルサンド

 76 食パンで
カレーパン

 78 食パンでごちそう
パンキッシュ

 80 返り血
クマハンバーグ

 82 5分クマバーガー

 84 ヘルシー
豆腐ラザニア

 86 三匹の子豚の
ポテトサラダ

 88 子供と楽しむ
三色ドーナツ稲荷

 90 洋風＆和風の
オープンサンド

 92 炊飯ジャーで
パエリア

94 おわりに

揃えておきたい 基本の道具

ゴムベラ

ホイッパー

ハンドミキサー

スパチュラ（パレットナイフ）

計量スプーン

デジタルスケール

キッチンタイマー

型抜き

お菓子は
道具と分量が
マジ命だからな！
そこんとこ
ヨロシクッ！！

直径15cmのケーキ型

20cmのパウンドケーキ型

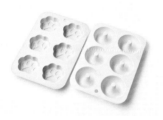

シリコン型（電子レンジ・オーブン対応）

ボウル

フライパン

鍋・小鍋

バット

ディッシャー

本書の使い方

レシピ名

世志琥's シャウト
思い浮かんだことを感情豊かに叫んでいます。ほとんどは作り方に関係ありません。気楽に読み流してください。

ポイント
おいしく作るためのコツや、作っているときに注意してほしい点などを解説。

出来上がりイメージ
スイーツの出来上がりイメージ。本書ではアグレッシブな色使いをしていますが、自分流にアレンジしてください。

プロセス
すべての工程を写真で説明しています。写真をパパッと目で追いながら、作り方も理解できます。

本書のレシピの注意点

- 表記は大さじ1＝15㎖、小さじ1＝5㎖、1カップ＝200㎖、1合＝180㎖です。
- レシピには目安となる分量や調理時間を表記していますが、食材や調理器具によって差がありますので、様子をみながら加減してください。
- 電子レンジの加熱時間は600Wのものを使用した場合の目安です。500Wの場合は、1.2倍を目安に様子をみながら加熱時間を調整してください。
- 特に指示がない場合、火力は中火です。
- 揚げ油の170℃の目安は、乾いた菜ばしの先を油の中に入れると、泡がゆっくりと立つ状態です。
- 「ひとつまみ」は、親指、人さし指、中指の3本の先でつまむくらいの分量です。小さじ1/5～1/4とします。

- オーブンを使用する際は、あらかじめ予熱をしておいてください。
- 焼き時間は目安です。焼き色や焼き上がりを確認しながらご調整ください。
- 材料をゆでるときの水は、基本的に分量外としています。
- 特に指示がない場合は、材料は室温に戻してから使用してください。
- ホットケーキミックス以外の粉類は、ふるいにかけてからご使用ください。
- 特に指示がない場合、バターは食塩不使用のものです。

ぜんぶ作って
ぜんぶ食べたい

世志琥

YOSHIKO SWEETS

スイーツ

別腹で食える甘いもんを、かわいく手軽
に作れるようにまとめたぞコノヤロー！
お菓子作りはときに豪快に、ときに繊細
に作業しろよな。おいしいデコスイーツ、
作ってみやがれ!!

デコドーナツ＆シードリングドーナツ

うちらの
団体のシンボル
作りやがれ！

ホットケーキミックス
　　…200g
卵…2個
グラニュー糖…15g
牛乳…100g
（チョコ生地は出来上がりの
生地にココア10g加える）
バター…適量

【デコレーション】
チョコレート（ミルク・ホワ
イト）…各50g
チョコペン、アラザン、
ナッツ、ドライフルーツ、
棒状スナック…各適量

POINT

デコレーションはコーティ
ングしたチョコレートがか
たまる前に手早く、棒状ス
ナックはかたまってからし
よう。

1
ボウルに卵をほぐし、グラニュー糖、牛
乳を加えて混ぜる。さらにホットケーキ
ミックスを加え、よく混ぜる。

チョコが
ツヤツヤ
じゃねぇか！

3
湯せんでチョコレートを溶
かし、**2**の表面をコーティ
ングする。

2
バターを塗ったドーナツ型に8分目まで
流し入れ、180℃のオーブンで約20分焼
く。

4
3に好みのデコレーションをする。シー
ドリングドーナツは市販の棒状スナック
を刺す。

めっちゃ
簡単だから
作って
みやがれ！

混ぜてチンするだけ

電子レンジで
ブラウニー

チョコレート…50g
バター…50g
卵…1個
グラニュー糖…50g
薄力粉…30g

マシュマロ、ナッツ、
ドライフルーツ等…各適量

しっかり
溶かせよ
コノヤロー！

POINT

中に沈み込みやすい小さな
トッピングは、一番最後に
ふりかけることで見栄えが
よく仕上がる。

1

耐熱ボウルにチョコレートとバターを入
れ、ラップをして2分加熱する。

2

1に卵、グラニュー糖を加
えてよく混ぜたら、薄力粉
を加え、さっくり混ぜる。

とにかく
ガシガシ
混ぜっぞ！！

3

クッキングシートを敷いた耐熱容器に2
を流し入れ、上に好みでトッピングする。

4

電子レンジで4分加熱し、粗熱が取れた
ら好きな大きさに切る。

キラキラ透けて輝く
ステンドグラス
クッキー

ウチの髪の
色だっつーの！

材料
10〜15個分

バター…50g
グラニュー糖…30g
卵…15g

薄力粉…100g
市販のキャンデー…適量

POINT

キャンデーははさみやニッパーで切るか、ジップロックに入れてめん棒で砕いて使う。

1 バターは室温に戻し、ホイッパーでクリーム状にする。

2 グラニュー糖を2回に分けて加え、その都度よく混ぜる。卵も2回に分けて加え、さらによく混ぜる。

3 ふるった薄力粉を加え、ゴムベラで混ぜる。ひとまとまりになったら、ビニール袋に入れ冷蔵庫で休ませる。

4 生地を4〜5mm厚さにのばしてクッキー型で抜き、クッキングシートを敷いた天板の上に並べる。

5 170℃のオーブンで10分焼く。

たっぷり
愛を込めて
仕上げろよな♡

6 砕いたキャンデーを入れて再び170℃で5分焼く。キャンデーがかたまるまで天板ごと冷ます。

食べ出したら
マジ止まんねぇ
から！

水切り
ヨーグルトで
ティラミス

材料
2個分

ヨーグルト…400g
グラニュー糖…60g
レモン汁…小さじ1
生クリーム…100g
[ボトム]
インスタントコーヒー…大さじ1

熱湯…大さじ2
グラニュー糖…小さじ2
グラノーラ…30g
ココア…適量

POINT

ヨーグルトの水きりは、8
分立てのホイップクリーム
ぐらいのかたさになるまで
が目安。

1
コーヒードリッパーにコーヒーフィルタ
をセットし、ヨーグルトを入れて3時
間以上水きりする。

4
器にグラノーラを敷き、**3**のシロップを
入れて浸す。

混ぜ混ぜして
腕の筋肉も
鍛えてくれ！

2
生クリームを8分立てにし
て、**1**、グラニュー糖、レ
モン汁を加えてよく混ぜる。

5
4に**2**を、空気を抜きながら上部まで入
れ、フチですりきる。

3
ボトムのインスタントコーヒーに熱湯、
グラニュー糖を混ぜてシロップを作る。

粉をふる
ときは
繊細に！

6
上にクマ形の型紙をのせて
ココアをふる。

フルーツゼリー [すいか]

間違って
塩ふるんじゃ
ねぇぞ!

材料

作りやすい分量

小玉すいか…1個
グラニュー糖…60g
粉ゼラチン…15g

水…90g
チョコチップ…適量

POINT

すいかのジュースは一度沸騰させることでゼラチンがよく混ざり、きれいにかたまりやすくなる。

1 すいかを半分に切り、中身をくりぬく。

2 1の中身を種ごとミキサーにかけ、なめらかにし、こし器でこす。

果肉はスプーンでこそぐべし！

3 鍋に2とグラニュー糖を入れて中火で温め、沸騰したら水でふやかしたゼラチンを加えて溶かす。

4 氷水で冷やしてとろみをつける。

5 中をくりぬいた1のすいかに4を流し入れ、冷蔵庫で冷やす。

6 好みの大きさに切って、チョコチップをトッピングする。

豪快にかぶりつきやがれ！

もっちりサクサク♥ チュロス

好きな形に
ブチ揚げろ！

POINT

中力粉がない場合は、薄力粉と強力粉を1：1で合わせて代用できる。

1 鍋を中火にかけ、水、1cm角に切ったバター、塩と、シナモン小さじ1／4を入れ、沸騰させる。

4 星口金をつけた絞り袋に**3**の生地を入れて、クッキングシートの上に絞り、160℃に熱した油でシートごと揚げる。

2 ひと煮立ちさせたら火からおろし、中力粉を加えて生地がまとまるまで混ぜる。

5 こんがりきつね色に揚がったら、油から取り出し、網やキッチンペーパーにのせて油をしっかりきる。

熱いから
ヤケドに
気をつけろよ！

3 卵をボウルに割り入れて、**2**に1個ずつ加えて混ぜる。

6 グラニュー糖、シナモンの残りを混ぜ、**5**の表面にまぶす。好みで湯せんで溶かしたチョコレートをかける。

バスク チーズケーキ

ネットリ
濃厚で
香ばしいぞ！

材料
15cmケーキ型
1台分

クリームチーズ…200g
グラニュー糖…80g
卵…2個

生クリーム…200g
薄力粉…大さじ1

POINT

材料を入れるたびよく混ぜ合わせることで、濃厚でコクのあるしっかりした仕上がりに。

クシャクシャにしてやんよっ！

1
型にシワをつけたクッキングシートを敷く。

2
耐熱ボウルにクリームチーズを入れ、電子レンジに10〜20秒かけてホイッパーで混ぜられる程度にやわらかくする。

3
2にグラニュー糖を加えよく混ぜる。

4
卵は2回に分けて加え混ぜる。さらに薄力粉、生クリームも加えてよく混ぜる。

5
1の型に流し入れ、210℃のオーブンで40〜45分焼く。粗熱が取れたら冷蔵庫で冷やす。

焼き色はアルミホイルをかぶせて調整だ！

年賀クッキー

よく混ぜたら
ガチウマだ！

ティガー

Tigger

2021

材料
12〜13
枚分

バター…50g
グラニュー糖…30g
卵…15g

薄力粉…100g
カラーペン…適量

クッキーの
基本のレシピ
覚えやがれ！

POINT

1枚の生地全面に型を押し
たあと、型の外側の生地を
はがすように取り除けば、
うまく天板にのせられる。

1 バターは室温に戻し、ホイ
ッパーでクリーム状にする。

4 ビニール袋に入れ、冷蔵庫で約3時間休
ませる。

2 グラニュー糖を2回に分けて加え、その
都度よく混ぜる。卵を加えてよく混ぜる。

5 生地を4〜5mm厚さにのばして花型で抜
き、天板にクッキングシートを敷いた上
に並べ、170℃のオーブンで15分焼く。

3 ふるった薄力粉を加え、ゴムベラで混ぜ
て、ひとまとまりする。

6 粗熱が取れたらアイシングやカラーペン
で干支や文字、絵をデコレーションする。

25

チョコバナナ ジュース

必殺技の
セントーン
並みのうまさ！

材料
2人分

バナナ…2本
牛乳…200g
チョコソース…適量

【飾り用】
バナナ…1本
ホイップクリーム…適量
お好みのトッピング…適量
ミント…適量

POINT

バナナと牛乳はよく冷やして、注ぎ入れる直前に混ぜるとよりおいしく仕上がる。

1
ミキサーにバナナ、牛乳を入れて混ぜ合わせる。

3
コップの内側に、チョコソースを不規則にかける。

> チョコは
> 思い切って
> ぶっかけろ！

2
飾り用のバナナを2～3mm厚さに切り、3つ程度は花型(もしくは星型)で抜く。コップの内側に貼りつける。

4
3にゆっくり1を注ぎ入れる。ホイップクリームを絞り、お好みのトッピングやミントを添える。

切りもち フルーツ大福

果敢に
かぶりつけ！

材料
4個分

切りもち…2個(100g)
水…50g
こしあん…160g

みかん、いちご、ぶどう、
キウイ…各適量
片栗粉…適量

でっかい
果実が
パワフル！

POINT

やわらかくしたもちは、片
栗粉をまぶして一度丸めて
から広げると、フルーツを
きれいに包める。

1 こしあんを4等分にし、フルーツをこし
あんで包む。

3 バットに片栗粉を敷き、**2**を流してのせ
る。上からも片栗粉をふり、4等分にす
る。

2 切りもちは約2cm角に切りボウルに入れ、
水を加えふんわりラップをかけ電子レン
ジで2分加熱、なめらかになるまで混ぜる。

4 **3**で**1**を包み丸く成形
する。

モチモチで
やわらかい
じゃねぇか♡

丸ごと
メロンケーキ

等身大の
メロンを
堪能しやがれ！

メロン(直径10〜12cm)
…1個
市販のスポンジ…1枚

いちご…適量
生クリーム…200g
グラニュー糖…20g

POINT

スポンジは、都度直径に合わせて切っても細かいものをつぎはぎして敷き詰めてもOK。

1
メロンは上部を切り、中身はくりぬく。ペーパータオルを内側に貼りつけるようにして5分おき、水分をしっかり取る。

2
生クリームにグラニュー糖を加え、9分立て程度のかためのホイップクリームを作る。

3
中身のメロンやいちごを1cm厚さに揃えて切っておく。

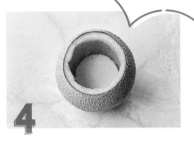

4
1の中にホイップクリームを塗り、メロンの内側の大きさに合わせ1cm厚さに切ったスポンジを軽く押さえながら敷く。

5
ホイップクリームを塗り、**3**を並べたら、再びホイップクリームを塗りスポンジを敷く。この作業を繰り返す。

6
上部まできたら最後にホイップクリームを塗り、冷蔵庫で1時間休ませる。

スキマなく
敷き詰めて
くれよな!

家なのにお祭り気分な フルーツ飴

パリパリで
うまいわ！

材料
約20個分

お好きなフルーツ…適量
砂糖…150g
水…50g

飴ちゃんは
薄めが
最高だぞ！

POINT

飴を煮詰めるときは混ぜない。混ぜると結晶化してかたまってしまいます。

1 フルーツは水洗いし、ペーパータオルでしっかり水けをふき取る。

3 鍋に砂糖と水を入れて中火にかけ、薄く色づくまで鍋を揺すりながら煮詰める。

コロコロ
してて
キュートだわ

2 フルーツにスティックを刺す。

4 火からおろした**3**を**2**にからませてコーティングし、クッキングシートの上におき、そのままかためる。

巻くほどに
うめーぞ
コノヤロー!

卵焼き器でバームクーヘン

材料
13cm長さ
1本分

卵…2個
はちみつ…大さじ4
バター…50g
牛乳…80g
ホットケーキミックス…100g

バナナ…1本
［抹茶生地の場合］
（あんこ80g、抹茶大さじ1）

POINT

濡れた布巾を用意して、生地を流し入れる前にフライパンを冷ましながら進めると、きれいに焼ける。

1 ボウルに卵を割りほぐし、はちみつ、溶かしバター、牛乳を加え、その都度よく混ぜる。

2 ホットケーキミックスを加えて混ぜ、生地を作る。

3 卵焼き器にバター（分量外）を引き熱する。弱火にして生地を薄く流し入れたら、幅を合わせて切ったバナナを奥側におく。

4 表面に穴がプツプツあいてきたら、バナナを芯にして巻いていく。

5 4を奥に移動させて再度生地を流し入れ、生地がなくなるまで繰り返して焼く。

＊抹茶生地で作る場合は、同様の分量で生地に抹茶を加え、あんこを入れて巻いていく。

くるくる
巻きやがれ！

35

ひとくちで
全部
いけるわ！

ひとくち
スイートポテト

さつまいも…1本(約200g)
グラニュー糖…50g
卵黄…1個分
※塗り用に少し残しておく

牛乳…大さじ1〜2
チョコペン…適量
チョコレート菓子…適量

POINT

冷めていない生地を丸める
ときは、ラップや大きめの
スプーンを使うときれいに
丸められる。

1
さつまいもは皮をむいて1cm厚さの輪切
りにする。耐熱ボウルに入れふんわりラ
ップをし、電子レンジで4分加熱する。

2
熱いうちに麺棒でつぶし、グラニュー糖、
卵黄を加える。牛乳はかたさをみながら
加えていく。

つぶらな
瞳が
キュート♡

3
2をひとくち大に丸め、クッキングシー
トを敷いた天板にのせる。

表面が
割れないよう
注意!

4
残しておいた卵黄を全体に
塗る。

5
オーブントースターで5分焼いたら、チ
ョコペンやチョコレート菓子でデコレー
ションする。

メレンゲクッキー

マジで
食べるの
もったいない
から！

材料
12個分

卵白…70g（2個分）
グラニュー糖…80g
コーンスターチ…15g

食紅（赤、青、黄）…適量
水…適量
アラザン…適量

ふわふわの
メレンゲを
作りやがれ！

POINT

冷蔵庫から出したばかりの
卵白を使うと、メレンゲを
きれいに仕上げることがで
きる。

1
卵白にグラニュー糖の半量を加え、ハンドミキサーで3〜4分泡立てたら、残りのグラニュー糖を加え、さらに泡立てる。

4
星口金をつけた絞り袋に入れる。クッキングシートを敷いた天板の上に円を描くように絞り、キャンデー棒を刺す。

2
コーンスターチを2回に分けて加え、ゴムベラでさっくりとメレンゲの泡をつぶさないようにツヤが出るまで混ぜる。

5
アラザンをかけて、100℃のオーブンで1時間焼いたらオーブンの扉を少し開けて水分を逃がし、扉を閉めて30分程度乾燥させる。

3
2 を3つに分け、水で溶いた食紅をそれぞれに加えて混ぜる。

こりゃ
SNS "映え"
間違いねーわ！

39

カラフル わらびもち

かき氷
シロップ
マジで神！

材料
10個分

市販のわらびもち…1パック
かき氷シロップ（お好みの色）
…適量

POINT

45分ほどで発色のいい染まり具合になる。薄いのが好みの場合は、10分程度がおすすめ。

うまそうでも
まだ食うん
じゃねぇぞ！

1

わらびもちは水で洗い、水けをきる。

好きな色に
染め上げて
やるよ！

2

10分〜2時間、かき氷シロップに漬ける。

41

さつまいもの チーズケーキ

ヘルシーな
甘さだ
コノヤロー！

材料

18cmケーキ型
1台分

さつまいも…1本(約200g)

【A】
クリームチーズ…200g
卵…2個

グラニュー糖…60g
牛乳…200g
薄力粉…20g
黒ごま…小さじ1

POINT

さつまいもの食感を残したいなら、**3**の混ぜ具合でなめらかになりすぎないよう調節する。

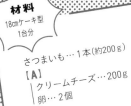

1

さつまいもは皮をむいて1cm厚さの輪切りにし、水にさらす。

さつまいもは
何にしても
うまいよな♡

2

1を耐熱ボウルに入れてふんわりラップをかけ、電子レンジで4〜5分加熱する。

3

ミキサーに**2**と**A**を入れて、なめらかになるまで混ぜる。

4

紙のケーキ型に**3**を流し入れて黒ごまをふり、170℃のオーブンで50分焼く。

43

雪だるまスノーボール

砕けない心で
食べるべし！

材料
8個分

バター…60g
粉砂糖…30g
アーモンドパウダー…40g
薄力粉…100g

[飾り用]
粉砂糖、チョコペン、
カラーペン…各適量

POINT

バターは夏場なら室温において5分、冬場はレンジで10〜20秒加熱すると適度なやわらかさになる。

1
バターを耐熱ボウルに入れ、電子レンジで10秒加熱してやわらかくする。

4
160℃のオーブンで15〜20分焼く。

2
粉砂糖を2回に分けて加え、ホイッパーでよく混ぜる。アーモンドパウダーを加え、薄力粉を2回に分けて加えゴムベラで混ぜる。

5
ケーキクーラーにのせて粗熱を取り、飾り用の粉砂糖をふり、チョコペンやカラーペンで顔、マフラーを描く。

3
約15gずつのボール状に丸める。クッキングシートを敷いた天板に雪だるまのように2個くっつけて並べる。

いろいろな表情にデコるべし！

45

春巻きの皮でアップルパイ

サクッと甘くてうめえじゃねえか！

材料
10個分

春巻きの皮…5枚
リンゴ…1個
【A】
　グラニュー糖
　…大さじ2〜3

バター…10g
シナモン…小さじ1/2
【のり】
小麦粉…小さじ1
水…小さじ1

POINT

あんこと切りもち、桃の缶詰とクリームチーズ、あんこと冷凍ベリーをそれぞれ合わせたものなどもおいしい。

1

ボウルに1cm角に切ったりんご、**A**を加え、ふんわりとラップをして電子レンジで3分加熱し、よく混ぜてフィリングを作る。

3

春巻きの皮を三角になるよう半分に切る。

中身を
変えても
うめーんだ

2

1のフィリングをバットに取って汁けをきり、冷ます。

4

3に**2**を大さじ1のせ、春巻きの要領で巻く。巻き終わりをのりでとめて、揚げ油(分量外)で揚げる。

ネコちゃん
クリームソーダ

シュワ甘だ
コノヤロー！

お好みのかき氷シロップ
　…20g
サイダー(加糖)…200㎖

バニラアイスクリーム
　…1個
板チョコレート…適宜
チョコペン…適宜

氷を多めに入れると、アイスクリームが沈まない。アイスが沈むと急激に泡立ち、あふれることがあるので要注意。

何色でも
うまさは
変わんねぇぞ！

1

グラスに氷を入れ、シロップとサイダーをそそぎ、混ぜる。

ネコちゃんは
ササッと
仕上げやがれ！

2

アイスを丸くくりぬいてチョコの耳をつけ、チョコペンで顔を描いたら1にのせる。

肉球ケーキ

材料
6個分

卵…1個
グラニュー糖…60g
バター…50g
ホットケーキミックス
　　…100g

チョコレート、
ホワイトチョコレート、
チョコペン…各適量

POINT

4のチョコペンは型からはみ出さないよう、薄く延ばすように塗ると、きれいな肉球に仕上がる。

1
ボウルに卵を割り入れ、グラニュー糖、溶かしバターを加えてよく混ぜる。

4
型をいったん洗ってふいたら、型の中の肉球の部分にチョコペンを塗って、冷蔵庫でかためる。

しっかり
混ぜやがれ！

2
ホットケーキミックスを加え、さっくりと混ぜる。

5
湯せんで溶かしたチョコレートとホワイトチョコレートを4に流し入れ、かたまらないうちに3をのせて冷蔵庫で冷やす。

3
シリコン型に油（分量外）を塗って生地を流し入れ、170℃のオーブンで20〜25分焼く。しっかり冷めたら取り出す。

足跡みたいで
かわいい
じゃねぇか♡

51

丸ごと
食いやがれ！

とろける
イタリアン
プリン

材料
20cmパウンド
ケーキ型

卵…3個
クリームチーズ…100g
グラニュー糖…60g
牛乳…200g
バニラエッセンス
　…2〜3滴

【カラメル】
グラニュー糖…50g
水…大さじ2

固めの
プリンも
最高だ！

型全体にあらかじめバターを塗っておくと、冷やしたプリンをきれいに型から抜き取れる。

1

カラメルソースを作る。耐熱ボウルにグラニュー糖と大さじ1の水を加え、電子レンジで1〜2分加熱する。

4

3にグラニュー糖を加え、卵を1個ずつ加えていく。バニラエッセンス、沸騰直前まで温めた牛乳を加えてよく混ぜる。

2

褐色になったら取り出し、さらに大さじ1の水を少しずつ加え、熱いうちに型に流し入れる。

気泡は
残らず
つぶしやがれ！

5

4をこし、**2**の型に流し入れる。

3

別の耐熱ボウルにクリームチーズを入れ電子レンジで10秒加熱し、やわらかくする。

6

天板におき、型1／3が浸かるくらいまで熱湯を入れ、150℃のオーブンで50〜60分湯せん焼きをし、粗熱が取れたら冷蔵庫で冷やす。

動物デコのチョコバナナ

デコってると
心が落ち着くん
だわ！

材料
4個分

バナナ…2本
ミルクチョコレート、
ホワイトチョコレート…各50g

チョコペン、チョコ菓子、
カラーペン…各適量
スティック…4本

POINT

コーティングしてから一度しっかり冷やすことで、チョコ菓子のデコレーションがしやすくなる。

かわいいアニマルも食ってやんよ！

1
バナナは半分の長さに切り、スティックを刺す。

2
ミルクチョコレートとホワイトチョコを、それぞれ湯せんで溶かす。

3
スプーンでバナナに**2**をかけてコーティングし、クッキングシートの上において冷蔵庫で冷やす。

4
チョコペンで、チョコレート菓子を耳や手足になるように貼りつける。

5
チョコペンやカラーペンでデコレーションする。

耳はマジ取れやすいから注意！

ホケミ
最高じゃねぇか！

ひとくち ドーナツ

POINT

ホットケーキミックスと卵、牛乳がある程度混ざったら、手で混ぜると、生地がまとまりやすい。

1

ボウルにホットケーキミックス、卵を入れて混ぜ合わせ、牛乳を加えて耳たぶほどのやわらかさになるまで混ぜる。

3

2を160℃の油で揚げる。きつね色になったら取り出し、軽く油をきる。

2

1を2cm大に丸める。

うますぎて
無限に
食えんだわ！

4

ハチミツをつけてトッピングをまぶし、好みで串を刺す。

ニューヨーク発！オレオピザ

from
NYだぁ！？
うめぇじゃ
ねえか！

材料

ピザ1台分

市販のチーズピザ…1枚
オレオ…5枚
ホットケーキミックス
　　…100g

牛乳…80g
生クリーム…50g
粉砂糖…適量

POINT

ピザが温かいうちにホイップクリームを絞ることで、ほんのりとけたクリームの甘さを楽しめる。

アメリカ人の味覚は背徳的だな！

1
ホットケーキミックスに牛乳を加えて混ぜ、衣を作る。

4
生クリームを泡立て、ホイップクリームを作る。

2
オレオ5枚に**1**の衣をつけ、180℃の揚げ油（分量外）できつね色になるまで揚げる。

5
3に**4**を絞り、上に砕いたオレオをのせ、粉砂糖をふる。

3
ピザの上に大きめに砕いた**2**をちらしてのせ、オーブンで10分焼き、粗熱を取る。

チーズとオレオ意外にマッチするじゃねーか！

デコレーションロールケーキ

迷彩柄
作って
みやがれ！

材料

20cm長さ
1本分

卵…3個
グラニュー糖…80g
薄力粉…80g
牛乳…20g
バター…20g

ココア、抹茶…各小さじ2
生クリーム…150g
グラニュー糖…20g

> 出来は
> 生地作りで
> 決まんぞ！

POINT

スポンジを18cm四方に変更してP30のメロンケーキや、P66のリングケーキの土台に使用してもOK。

1 耐熱ボウルに卵とグラニュー糖を入れてホイッパーで混ぜ、電子レンジで10秒加熱する。

3 ふるった薄力粉を5回に分けて加えてさっくり混ぜ、溶かしたバターと牛乳を加えて切るように混ぜる。

2 1をハンドミキサーで4〜5分、もったりするまで泡立てる。

4 3の生地を約50gずつ2つのボウルに取り分け、ココアと抹茶をそれぞれの生地に加え、色のついた生地を作る。

次のページ
行くぞ！！

5 クッキングシートで作った20cm四方の型に茶色や緑の生地を好きな柄にスプーンでおき、200℃のオーブンで2分焼く。

6 4で残った生地を5の上から流し入れて平らにならし、180℃のオーブンで15〜20分焼く。シートごと網の上で冷ます。

7 生クリームにグラニュー糖を加え、ハンドミキサーで角が立つまで泡立てる。

8 6の生地を天板から外し、スポンジの焼き色のついている面全体に**7**を塗る。

9 クッキングシートごと巻いていく。巻き終わりを下にして形を整え、そのまま冷蔵庫で冷やす。

フルーツを巻いてもうめぇぞ！

ジャムがとろ〜り

クマ＆パンダ マカロン

ちょっと
表情が
怖ぇーぞ！

材料
作りやすい分量

卵白…35g
グラニュー糖…35g
アーモンドパウダー
…40g
粉糖…40g

ココア…5g
フランボワーズジャム
…適量
あんずジャム…適量

冷やした
卵白を
使いやがれ！

POINT

ハンドミキサーは円を描く
ように動かしながら使うこ
とで、早く泡立てることが
できる。

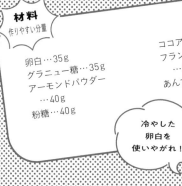

1

アーモンドパウダーと粉砂糖は2回ふる
って冷蔵庫で冷やしておく。

3

2に**1**を1／5ずつ入れて粉っぽさが残る
程度に混ぜる。同様に繰り返して**1**がす
べて入ったらゴムべらでさっくり混ぜる。

2

卵白にグラニュー糖を半量入れ、ハンドミ
キサーで4分ほど泡立てる。残りのグラニ
ュー糖を加え、さらに角が立つまで泡立てる。

4

生地を半分取り分け、ココアを加える。
それぞれの生地をゴムベラで、ボウルの
側面にこすりつけながら混ぜる。

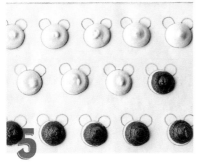

5 ココア生地は少し残し、それぞれの生地を1㎝の丸口金をつけた絞り袋に入れる。クッキングシートに3㎝大で絞る。

8 140℃で7〜10分焼き、クッキングシートごとケーキクーラーの上で冷ます。

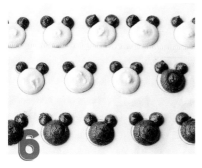

6 3㎜の丸口金をつけた絞り袋に**5**で残したココア生地を入れ、耳部分を絞る。

9 チョコペンでクマとパンダの顔を描く。パンダにフランボワーズジャム、クマにあんずジャムを塗り、サンドする。

7 表面に角が残ったら、天板ごと台に軽くたたきつけてならす。20分ほど乾燥させる。

気合い入れてかわいくしろよな！

作って
みやがれ！

世志琥とシードちゃんの
リングケーキ

POINT

パイシートは薄く伸ばした後に、一度冷蔵庫で冷やすと切りやすくなる。

リングで
試合がしたく
なるわ!!

1 カステラを適当な大きさに切り、18×18cmになるように並べる。

2 生クリームにグラニュー糖を加えて泡立ててホイップクリームを作り**1**全体に塗り、リングの土台を作る。

3 冷凍パイシートを2〜3mmにのばし、ロープ形にペティナイフで切ったものを4つ作る。

4 **3**を200℃のオーブンで10分焼き、シードちゃんクッキーと世志琥クッキーを焼く（P24 年賀クッキー参照）

5 **2**に**4**を刺してリングを作り、リング上に世志琥クッキー、側面にシードちゃんクッキーを貼りつけてデコレーションする。

まだまだ
続くんで
ヨロシク！

世志琥

YOSHIKO GOHAN

ごはん

メシもかわいく作っていくぞコノヤロー！
ごはんものは味つけに気をつけて、映え
る盛りつけに挑戦してみろよな。うめぇ
もんバランスよくいっぱい食って、満腹
になりやがれ!!

ハロウィンカレー

ごはんが
少ないって？
だったらおかわり
ヨロシク！

材料
1人分

ごはん…100〜150g
レトルトカレー
　…1袋(1人前)
ブロッコリー…1房

にんじん…適量
パプリカ…適量
のり…適量

POINT

カレーの具材に合わせて、彩り豊かな野菜をトッピングするとバランスがよくさらにおいしく出来上がる。

1

のりで、顔のパーツを作る。

ちょっと
不気味
じゃねーか！

3

温めたレトルトカレーを皿に盛り、その上におばけの形に整えたごはんをおく。おばけの顔になるよう**1**をご飯にのせ、**2**をトッピングする。

2

ブロッコリーは小房に分け、にんじん、パプリカは星型で抜き、ゆでる。

おばけ
なんか
一撃だ！

サケの親子とホタテでリッチに
幸せの寿司ケーキ

たまには
贅沢しやがれ！

ごはん…2合
すし酢…100㎖
桜でんぶ…20g
錦糸卵…20g
スモークサーモン…80g

[飾り用]
サーモン(刺身用)…150g
ホタテ(刺身用)…2〜3枚
いくら…30g
ブロッコリースプラウト…適量

POINT

ひと工程ずつ平らにならすことで、きれいな層になり、見栄えがよくなる。

1 ごはんとすし酢を合わせ、酢飯を作り、桜でんぶを混ぜる。

4 スモークサーモンを敷き詰め、残りの **1** を入れ、平らになるように整える。

2 型にラップを敷き、錦糸卵を敷き詰める。

5 型をひっくり返してはずす。

お祝いの席で
作りやがれ！

3 **1** を半量入れ、平らになるようにスプーンなどで軽く押す。

6 サーモンとホタテを薄切りにし、くるくると巻いて、盛りつける。いくら、ブロッコリースプラウトを盛りつける。

甘さとしょっぱさの無限ループ

ベーグルサンド

ぶっ飛ぶ
うまさ！

材料

3個分

市販のベーグル…3個

【ベーグルサンドA】
ツナ缶…1缶(80g)
マヨネーズ…20g
かぶ…1/4個
ベビーリーフ…適量
国産レモン…1/8個

【ベーグルサンドB】
黄桃缶…半身2個
いちご…2〜3個
ホイップクリーム…適量

【ベーグルサンドC】
サラダチキン…1枚
トマト(輪切り)…1枚
グリーンリーフ…1枚
紫玉ねぎ…適量
マヨネーズ…10g
粒マスタード…5g

甘いのも
しょっぱいのも
オススメだぞ！

POINT

ベーグルサンドAのかぶは、レモンの香りをつけるイメージで、しっかりあえるのがコツ。

3 2とツナとマヨネーズをあえたもの、ベビーリーフを用意し、1にはさむ。

1 ベーグルをそれぞれ厚みを半分にカットし、トーストする。

4 ベーグルサンドBを作る。ホイップクリーム、適当な大きさに切った黄桃、イチゴを用意し、1にはさむ。

2 ベーグルサンドAを作る。かぶとレモンをいちょう切りにし、塩をふり5分おく。軽くしぼり、水けをきる。

5 ベーグルサンドCを作る。チキンと野菜を1にのせ、マヨネーズと粒マスタードを混ぜたソースを塗る。

食パンでカレーパン

揚げたてが
一番
うめ〜んだ！

材料
4個分

8枚切り食パン…8枚
レトルトカレー…1袋
ピザ用チーズ…適量
溶き卵…適量
パン粉…適量

辛さは
自分で
調節しろよ！

POINT

くっつけたパンに多少すき
まができても、卵とパン粉
でコーティングされるので
しっかり揚がる。

1 パンはすべて丸くくり抜き、4枚のパン
の真ん中にカレー、チーズの順にのせ、
もう4枚のパンを重ねてはさむ。

3 2に溶き卵、パン粉をつける。

カラッと
揚げんぞ
コノヤロー！

2 端を合わせてフォークで押さえ、2枚の
パンをくっつける。

4 180℃の揚げ油できつね色になるまで揚
げる。

食パンでごちそう
パンキッシュ

がっつり
食らいやがれ！

材料
4人分

サンドイッチ用食パン
　…8〜10枚
卵…3個
【A】
　牛乳…100g
　生クリーム…50g
　粉チーズ…大さじ1
　塩、こしょう…各適量

市販のミートボール
　…5〜6個
アボカド…1個
ミニトマト…4個
ゆで卵…2個
ベビーチーズ…2個
ピザ用チーズ…適量

POINT

サンドイッチ用の食パンの角が器のフチに沿って、ジグザグになるよう敷き詰めると見栄えが◎。

1

サンドイッチ用パンを対角線で切り、三角形にして耐熱容器の底と側面に敷き詰める。

うまくなる
予感しか
ないんだわ！

2

卵を溶きほぐし、**A**を加えてよく混ぜる。

3

アボカドは一口大に切る。ミニトマトは半分に、ベビーチーズは1cm角に切り、ゆで卵は輪切りにする。

4

1にゆで卵以外の**3**を入れ、**2**を流し入れる。

5

ゆで卵を並べ、ピザ用チーズをかけ、190℃のオーブンで30〜40分焼く。

チーズは
たっぷり
かけろよな！

おいクマ！
誰食ったん
だっつーの！

返り血クマ
ハンバーグ

80

材料
2人分

合いびき肉…300g
玉ねぎ…100g
牛乳…15g
パン粉…5g
卵…1個
塩…小さじ1／2

こしょう…小さじ1／2
スライスチーズ…2枚
のり…適量
市販のデミグラスソース
　…適量
　お好みの野菜…適量

POINT

ハンバーグのタネを形成するときは、手のひらにたたきつけるようにしてしっかり空気を抜く。

1 玉ねぎをみじん切りにし、フライパンで透き通るまで炒め、冷ます。

4 フライパンに油(分量外)を引き中火で熱し、**3**を焼く。

2 ボウルにひき肉と**1**、牛乳、パン粉、卵、塩、こしょうを入れ、粘りが出るまでよく混ぜ合わせる。

5 スライスチーズとのりで、顔のパーツを作る。

まん丸の
目が
ラブリー♡

しっかり
火を
通しやがれ！！

3 大きい丸を1つと小さい丸を2つ作り、形を整える。

6 **4**を皿に盛り、**5**をのせて顔を作る。デミグラスソース、お好みの野菜を一緒に盛りつける。

5分クマバーガー

まじで
かんたん
だわ！

材料
1個分

バンズ…1個
スライスチーズ…1枚
ソーセージ…2枚
種抜きブラックオリーブ
…適量

市販のハンバーグ…1個
トマト(輪切り)…1枚
グリーンリーフ…適量
フライドポテト…適量

POINT

耳になるソーセージを差し込むための切り込みは、なるべく深くすることで安定する。

1
スライスチーズは丸型で抜き、ソーセージを5mm幅に切る。オリーブはスライスし、目と鼻、口を作る。

2
スライスしたバンズの下部分にグリーンリーフ、トマト、温めたハンバーグをのせる。

3
上のバンズの上部2か所に切り込みを入れ、ソーセージを差し込む。ピンセットやはしなどで、**1**の顔のパーツをつける。**2**にのせてはさむ。フライドポテトを添える。

口いっぱいに
頬張りやがれ!
うんめぇぞ!

ヘルシー豆腐ラザニア

濃厚なのに
カロリーオフ！

餃子の皮…1袋(24枚)
ミートソース缶…1缶
ピザ用チーズ…適量

【ホワイトソース】
絹豆腐…1丁
牛乳…50g
顆粒コンソメ…小さじ1
塩、こしょう…各適量

POINT

小麦粉を使っていないから、見た目以上にヘルシー。餃子の皮は濡らすことでモチモチ食感に。

クリーミーで
豆腐じゃねえ
みたいだわ！

1

ホワイトソースの材料をすべてミキサーに入れ、なめらかになるまでよく混ぜる。

3

耐熱容器にホワイトソースを敷き詰めて**2**を並べ、ミートソースを重ねて層を作る。これを繰り返す。

2

餃子の皮をさっと水にくぐらせ、キッチンペーパーにのせて軽く水分を取る。

4

ピザ用チーズをのせて200℃のオーブンで15分焼く。

とろけた
チーズがマジ
最高卍!!

三匹の子豚の
ポテトサラダ

おいおい
うちは狼
かっつーの！

材料
3個分

じゃがいも…2個
【A】
酢、塩、こしょう…各適量
マヨネーズ…大さじ4
グリーンリーフ…2枚

お好みの食材(コーン、
ミニトマト、きゅうり、
ハム、チーズ、
ウインナー、のり)
…適量

POINT

トマトなどカットした野菜
は、断面が見えるように器
に盛ると見栄えがよくなる。

カラフルで
かわいいん
じゃねぇの?

1

ハム、スライスチーズ、ウ
インナー、のりを切り、顔
のパーツを作る。

熱々だから
ヤケドに
注意だ!

3

器にきゅうり、ミニトマト、ハム、コー
ンなどをお好みに切ってきれいに盛る。

2

じゃがいもは一口大に切り、耐熱ボウルに
入れてふんわりラップして4分加熱し、熱
いうちにつぶして**A**を加え、混ぜる。

4

2を3等分にし、丸めてグリーンリーフ
と一緒に器に盛り、**1**のパーツを顔にな
るようにポテトサラダにくっつける。

子供と楽しむ 三色ドーナツ稲荷

酢飯とふりかけ
絶妙にうめぇじゃ
ねえか！

材料
6個分

ごはん…2合
寿司酢…大さじ2
市販の味付け稲荷
　…1パック

青のり…大さじ1.5
ふりかけ（たまご、サケ）
　…大さじ1.5

POINT

型は濡らしてから使うと、ごはんがくっつかずキレイに抜くことができ、形を整えやすい。

1

ごはんに寿司酢を加えて混ぜる。3等分にし、それぞれに青のり、たまご、サケのふりかけを加えてよく混ぜる。

4

3を4等分に切る。

2

ドーナツ型に入れて形を整える。

和風の
ドーナツも
悪くないんだわ

5

2に3を4か所巻きつける。

3

味付け稲荷の左右を切って開く。

シマシマで
かわいいだろ！

洋風&和風のオープンサンド

食パンにシソ？
うまそうじゃ
ねえか！

材料
3枚

食パン3枚
[オープンサンド **A**]
ピザソース…20g
スライスチーズ…1枚
種抜きブラックオリーブ
　　…適量
イタリアンパセリ…適量
[オープンサンド **B**]
柴漬け…10g
マヨネーズ…10g

大葉…2枚
レンコン(輪切り)…適量
オクラ…1本
[オープンサンド **C**]
クリームチーズ…90g
いちごシロップ…2g
パイン缶(輪切り)…適量
バナナ…適量
キウイ…適量
ブルーベリー…適量

POINT

オクラのゆで時間は2
～3分程度にすると、
鮮やかな色合いで食感
もよくなる。

のせるだけ
だから
簡単だべ？

オープンサンド **A**

1

食パンにピザソースを塗る。

2

型で抜いたスライスチーズ、
スライスしたブラックオリ
ーブ、ちぎったイタリアン
パセリを、のせる。

オープンサンド **B**

3

柴漬けを細かく切り、マヨ
ネーズと混ぜ合わせ、食パ
ンに塗る。

4

大葉を好みの形に切り、の
せる。それぞれゆでたレン
コン、オクラを輪切りにし、
のせる。

オープンサンド **C**

5

クリームチーズといちごシ
ロップを混ぜ合わせ、食パ
ンに塗る。

6

バナナ、キウイをそれぞれ
好みの型で抜き、パインは
好きな大きさに切り、のせ
る。ブルーベリーをバラン
スよくのせる。

たっぷり
レモンを
絞りやがれ！

炊飯ジャーでパエリア

材料
4人分

米…2合
あさり…15個
冷凍シーフードミックス…80ｇ
玉ねぎ…1/4個
にんにく…1片
パプリカ（赤・黄）
　　…合わせて1個

ミニトマト…2個
固形スープの素…1個
【A】
　サフラン…少々
　オリーブオイル…大さじ1
　塩、こしょう…各適量
パセリ…適量

POINT

サフランはオーブントースターなどで軽く炒ると、より香りがよくなるが、焦げやすいので要注意。

1 米は洗って水けをきっておく。あさりは薄い塩水につけて砂出しする。

下ごしらえも
手ェ抜くん
じゃねぇぞ！

3 炊飯器に米と水を入れ通常の水加減にして軽く混ぜ、砕いた固形スープの素、**A**を加え、**2**の野菜とシーフードを上にのせて炊く。

2 玉ねぎ、にんにくはみじん切り、パプリカは3cm角、ミニトマトは半分に切る。

4 炊き上がったら、お好みでパセリのみじん切りをふる。

開けた瞬間
いい匂いが
するんだわ！

おわりに

めちゃんこかわいいスイーツとうめぇごはん、ちゃんと作れた
か？　コノヤロー！
見るだけでもパパッと理解しやすいように、出来上がりまでの
工程を全部写真で撮ってもらったんで、作ってみてくれよな。
それでじゃんじゃん作ったら映えるよう撮影して、SNSで拡散
しやがれ！　みんなの投稿、めちゃくちゃ楽しみにしてっから
な!!

あとよ、この本では "プロレスラーらしさ" を意識して、パワ
フルかつド派手な演出で映える感じにカラフルにしてっけど、
飾りつけは自分の好みでやってほしいんだわ。
それにしても、ちっちゃいマカロンとかクッキーをデコってる
とよ、なんだかスーッと、マジで気持ちが落ち着くんだわ。

お菓子をオーブンで焼いている時間、冷蔵庫で冷やしている時間は

やり切った〜！

「作って楽しい！」「見てかわいい！」「食べてうめぇ！」の三拍子。
作って食べたら、ぜってぇハッピーな気持ちになるからよ、試
してみやがれ!!

うちは今後も料理の動画配信とかやってくつもりだから、てめ
ぇら見逃すんじゃねーぞ！

そして最後に、ここまで読んでくれて、本当にありがとな♥
会場に観に来てくれたらマジで嬉しいわ！
っつーことで、うちはまだまだ女子プロレスを広めるために躍
進するんで、応援ヨロシク！
あばよ！

SEAdLINNNG 世志琥

スクワットがおすすめなんだわ！　作って食べて、楽しんでくれよな！

STAFF

アートディレクション	細山田光宣
装丁・本文デザイン	山本夏美（細山田デザイン）
撮影	市瀬真以
調理	野口京子・鎌手早苗
	後藤里帆（株式会社ママスタ）
調理助手	河辺麻里
フードスタイリング	後藤里帆（株式会社ママスタ）
ヘアメイク	高部友見
スタイリング	木村美希子
協力	T・GRIP TOKYO
企画	高橋奈七永（SEAdLINNNG）
構成	坂口柚季野・日根野谷 麻衣
	松坂捺未（フィグインク）
校正	東京出版サービスセンター
編集	小島一平・中野賢也（ワニブックス）

世志琥の
極上スイーツ作りやがれ！

著者　世志琥

2020年10月5日　初版発行

発行者　横内正昭
編集人　岩尾雅彦
発行所　株式会社ワニブックス
　　　　〒150-8482
　　　　東京都渋谷区恵比寿4-4-9　えびす大黒ビル
電　話　03-5449-2711（代表）
　　　　03-5449-2716（編集部）
ワニブックスHP
　　　　http://www.wani.co.jp/
WANI BOOKOUT
　　　　http://www.wanibookout.com/
WANI BOOKS NewsCrunch
　　　　https://wanibooks-newscrunch.com/

印刷所　大日本印刷株式会社
DTP　　有限会社Sun Creative
製本所　ナショナル製本

©世志琥2020
ISBN978-4-8470-9965-6